Inhalt

Kundenorientiertes Qualitätsmanagement

Kernthesen

Beitrag

Fallbeispiele

Weiterführende Literatur

Impressum

GENIOS WirtschaftsWissen Nr. 01/2004 vom 12.01.2004

Kundenorientiertes Qualitätsmanagement

F.Muretta

Kernthesen

- Die primäre Aufgabe des Qualitätsmanagements ist die Wahrung und Verbesserung der Qualität der von einem Unternehmen angebotenen Produkte und Dienstleistungen.
- Modernes Qualitätsmanagement beschränkt sich nicht mehr nur auf die Sicherung der Produktqualität sondern hat die Optimierung der Qualität sämtlicher Geschäftsprozesse zum Ziel. (5), (6), (8)
- Kunden-, Prozess- und Mitarbeiterorientierung stehen im Mittelpunkt eines zeitgemäßen Qualitätsmanagements. (5), (6), (8)

Beitrag

Qualitätsmanagement

Globalisierung, technischer Fortschritt und gesellschaftlicher Wandel verursachen Veränderungen im Wettbewerbsumfeld und im Konsumentenverhalten, an die sich ein Unternehmen anpassen muss, um dauerhaft wirtschaftlichen Erfolg zu erzielen. Auch für das Qualitätsmanagement resultieren daraus strengere Anforderungen. (11)

Bisher wurde Qualitätsmanagement in vielen Unternehmen sehr produktorientiert betrieben. Die Umsetzung erfolgte häufig mit Hilfe einzelner isolierter Maßnahmen, welche die Produkt- oder Servicequalität sicherstellen sollten. Die Produktqualität, das heißt der einwandfreie Zustand und die Funktionsfähigkeit eines Produktes, ist im Wettbewerb jedoch kein wirksames Differenzierungskriterium mehr, sondern wird von den Kunden als selbstverständlich vorausgesetzt. Eine höhere Kundenzufriedenheit und damit eine höhere Kundenbindung lässt sich in der modernen Marktwirtschaft nur mit einer stärkeren Kundenorientierung erreichen. Um adäquat auf die

Kunden eingehen zu können, müssen deshalb sämtliche betriebliche Abläufe auf deren Wünsche und Bedürfnisse abgestimmt werden.

Ein in diesem Sinne hohes Qualitätsniveau hängt aber nicht nur von den direkt kundenbezogenen Prozessen ab, sondern ist vielmehr das Resultat der Gesamtperformance aller internen Geschäftsprozesse. Aus diesem Grund muss der Qualitätsgedanke auch auf Prozessebene übertragen werden, mit dem Ziel einer ständigen Anpassung und Verbesserung aller Unternehmensprozesse. Eine kontinuierliche Prozessoptimierung kann jedoch nur dann gelingen, wenn einerseits ein zentral vorgegebenes, mit den strategischen Zielen abgeglichenes Qualitätsmanagementsystem existiert, welches die benötigten Organisationsstrukturen, Verfahren und Werkzeuge bzw. Techniken bereitstellt und andererseits die Verankerung des Qualitätsgedankens als unternehmensdurchdringende Führungs- und Arbeitsphilosophie angestrebt wird. Eine systematische Verbesserung einzelner Prozesse ist nur durch den einzelnen Mitarbeiter möglich. Er muss allerdings die Motivation und die Bereitschaft dafür besitzen.

Modernes Qualitätsmanagement durchdringt damit das gesamte Unternehmen und erfordert die

Schaffung einer umfassenden strategischen Initiative, welche durch eine ausgeprägte Kunden-, Prozess- und Mitarbeiterorientierung gekennzeichnet ist. (5), (6), (8), (9), (10)

Erweiterungen des Qualitätsmanagements

In der ökonomischen Realität wurden bislang mehrere zum Teil sehr ähnliche Erweiterungsansätze für das Qualitätsmanagement entwickelt.

Total Quality Management

Mit Total Quality Management (TQM) wird eine Managementstrategie bezeichnet, welche die ständige Verbesserung der Produkt- und Dienstleistungsqualität als übergeordnetes Unternehmensziel definiert. Sämtliche Unternehmensprozesse sowie die Unternehmenspolitik und -kultur werden dabei ständig einer Optimierung unterzogen. Der TQM-Grundgedanke stammt aus Japan und ist seit 1980 auch in Europa und in den USA verbreitet. Wesentliche Eckpfeiler dieser

Unternehmensphilosophie sind:

-Eine verstärkte Kundenorientierung.
-Eine Erweiterung des Kundenbegriffs: Jeder nachgelagerte Arbeitsprozess ist Kunde des vorangegangen. Somit werden alle internen Prozesse berücksichtigt.
-Die Integration aller Mitarbeiter jeder Hierarchiestufe und damit die Förderung der Mitarbeitermotivation.
-Eine nachhaltige Kommunikation der Arbeitsabläufe, Ergebnisse und Vorschläge.

Das von europäischen Konzernen entwickelte EFQM-Modell basiert auf den Grundprinzipen von TQM. (6), (11)

Six Sigma

Qualität ist zwar ein wichtiger Bestandteil von Six Sigma, allerdings darf dieser Ansatz nicht als reine Methode des Qualitätsmanagement angesehen werden. Die originäre Zielsetzung von Six Sigma ist die Steigerung der Rentabilität und die gleichzeitige Erhöhung der Kundenzufriedenheit. Damit soll für beide beteiligten Interessensgruppen, Anteilseigner und Kunden, ein vorteilhaftes Ergebnis erzielt werden. Wie schon das Total Quality Management ist auch Six Sigma ein ganzheitlicher Ansatz, der das gesamte Unternehmen betrifft. Die Sicherung der Qualität der Produkte und Dienstleistungen stellt nur ein Teilziel dar. (3), (4)

Kaizen

Dieser aus der japanischen Sprache stammende Begriff, welcher auf deutsch Veränderung zum Besseren bedeutet, bezeichnet ein Organisationssystem, welches erstmals von Toyota eingesetzt wurde. Das oberste Ziel ist auch hier die Erhöhung der Kundenzufriedenheit durch eine Steigerung des Qualitätsniveaus, eine verstärkte Mitarbeiterorientierung und eine Optimierung auf Prozessebene.

Die vorangegangenen Ausführungen verdeutlichen, dass hinter den verschiedenen Bezeichnungen im Grunde die selbe Philosophie steckt. Ein in diesem Sinne modernes Qualitätsmanagement ist mehr als ein Instrument der Unternehmensführung, es ist integraler Bestandteil der strategischen Zielsetzung eines Unternehmens. (8), (11)

Internationale Qualitätsnormen

Die herausragende Bedeutung des Qualitätsmanagements wurde schon früh erkannt. Mit der Normenreihe von ISO 9000 bis ISO 9004 wurden weltweit anerkannte Richtlinien für den Aufbau eines Qualitätsmanagements geschaffen:

ISO 9000 - Grundsätzliche Konzepte und Zielsetzungen von QM
ISO 9001 - Spezielle QM-Anforderungen in den Bereichen Entwicklung, Produktion, Montage und Kundendienst
ISO 9002 - QM im Herstellungsprozess
ISO 9003 - Produktendprüfung
ISO 9004 - Vorschriften zur Verbesserung der betrieblichen Strukturen

Die enthaltenen Empfehlungen sind dabei branchenneutral gehalten und somit eher allgemeiner Natur. Die Zertifizierung findet durch eine neutrale Zertifizierungsstelle statt, welche ein für drei Jahre gültiges Zertifikat ausstellt. In vielen Behörden und Großunternehmen ist die Vorlage eines solchen Zertifikats entscheidend bei der Auftragsvergabe. (12)

Fallbeispiele

Qualitätsmanagement in Versicherungen

Im Rahmen einer Studie, an der 84 der größten deutschen Versicherungsunternehmen teilnahmen, konnte festgestellt werden, dass Qualitätsmanagement in den meisten Versicherungen eine hohe Priorität besitzt. 90 Prozent gaben an, Qualitätsmanagement aktiv zu betreiben. Die Schwerpunkte der unternommenen Anstrengungen liegen in der Steigerung der Kundenzufriedenheit und der Verbesserung der Erreichbarkeitsquote. Insbesondere widmen sich die Versicherer der Verbesserung und Beschleunigung aller Prozesse, die mit dem Abschluss von neuen Versicherungsverträgen zusammenhängen. (2)

Internes Qualitätsmanagement in deutschen Sparkassen

Schon lange betreiben die deutschen Sparkassen Kundenzufriedenheitsmessungen im Rahmen von Qualitätsmanagementmaßnahmen. Allerdings ist der Qualitätsgedanke nur selten außerhalb von kundenbezogenen Geschäftsprozessen zu finden. Die Wichtigkeit der Zusammenarbeit der internen Abteilungen für die Erreichung eines allgemein hohen Qualitätsniveaus wurde bisher unterschätzt. Aus diesem Grund hat die Sparkassenakademie Bayern ein Analyseinstrument entwickelt, welches auch die Service-, Abwicklungs- und Dienstleistungsqualität der internen Prozesse verarbeiten kann. (7)

Weiterführende Literatur

(1) ANALYSE ALS MESS- UND KONTROLLINSTRUMENT Zufriedene Kunden als Basis für Qualitätsmanagement
aus IT Business, Heft 50/2003, S. 28

(2) Qualitätsmanagement ist bei den meisten Chefsache
aus Versicherungswirtschaft, 15.12.2003, 58.Jg., Nr. 24, S. 2002

(3) Six Sigma: Neue Chancen zur Produktivitätssteigerung?
aus Die Bank, Heft 01/2004, S. 28-33

(4) Wann lohnt Six Sigma? - Rentabilität von Six

Sigma und Qualitätsmanagementsystemen für KMU
aus QZ - Qualität und Zuverlässigkeit, Heft 11/2003,
S. 1098-1100

(5) Kontra: Sollte ein Qualitätsmanagement statt zentral besser durch ein dezentrales Regelsystem verankert werden? Managementsystem muss zwingend zentral gesteuert werden
aus Sparkasse, November 2003, Nr. 11, S. 505

(6) Pro: Sollte ein Qualitätsmanagement statt zentral besser durch ein dezentrales Regelsystem verankert werden? Qualitätsmanagement muss von den Mitarbeitern auch "gelebt" werden
aus Sparkasse, November 2003, Nr. 11, S. 504

(7) Marktorientierung im Zentralen Service als wichtiges Kriterium im Qualitätsmanagement
aus Betriebswirtschaftliche Blätter, Oktober 2003, Nr. 10, S. 516

(8) Die normative Kraft der Qualität Steuer & Service: Das Podium im UNTERNEHMER: Tipps & Tricks für erfolgreiche Entrepreneure. Diesmal: Qualitätsmanagement
aus WirtschaftsBlatt, 25.11.2003, Nr. 2003, S. 260

(9) O. V., Kann das Qualitätsmanagement die Unternehmensführung unterstützen? - Integration von Managementwerkzeugen, Quality Engineering, Heft 9, 2003, S. 12
aus WirtschaftsBlatt, 25.11.2003, Nr. 2003, S. 260

(10) Drinkewitz-Latschenberger, Marianne, Qualitätsmanagement ein weites Feld Teil 11: Das Prozessmodell und Wechselwirkung der Prozesse, MTA, Heft 10, 2003
aus WirtschaftsBlatt, 25.11.2003, Nr. 2003, S. 260

(11) WAS FIRMEN AN DIE SPITZE BRINGT TITEL: Exklusiv-Studie - Was Firmen erfolgreich macht - Starke Führung - Beste Qualität - Exzellentes Marketing / Eine Exklusivstudie weist erstmals nach: Wie sich Unternehmen am besten aufstellen, um profitabel zu wachsen. Und wie die Kunden über Deutschlands Vorzeigefirmen denken.
aus Impulse vom 01.12.2003, Seite 18

(12) Count-down für ISO 9000:2000 - Studie: Stand der Umsetzung der neuen Norm in den Niederlanden
aus QZ - Qualität und Zuverlässigkeit, Heft 12/2003, S. 1184-1186

Impressum

Kundenorientiertes Qualitätsmanagement

Bibliografische Information der deutschen Nationalbibliothek

Die Deutsche Nationalbibliothek verzeichnet diese Publikation in der deutschen Nationalbibliografie; detaillierte bibliografische Daten sind im Internet über http://dnb.d-nb.de abrufbar.

ISBN: 978-3-7379-1188-7

© 2015 GBI-Genios Deutsche Wirtschaftsdatenbank GmbH, Freischützstraße 96, 81927 München, www.genios.de

Alle Rechte vorbehalten. Dieses Werk ist einschließlich aller seiner Teile – z.B. Texte, Tabellen und Grafiken - urheberrechtlich geschützt. Jede Verwertung außerhalb der Grenzen des Urheberrechtsgesetzes bedarf der vorherigen Zustimmung des Verlags. Dies gilt insbesondere auch für auszugsweise Nachdrucke, fotomechanische Vervielfältigungen (Fotokopie/Mikroskopie), Übersetzungen, Auswertungen durch Datenbanken oder ähnliche Einrichtungen und die Einspeicherung und Verarbeitung in elektronischen Systemen.